curio?idad por

# LA GIMNASIA

BY THOMAS K. AND HEATHER ADAMSON

AMICUS

# ¿Qué te causa

# curiosidad?

3

CAPÍTULO TRES

## Competir en eventos

PÁGINA

**14**




Curiosidad por es una publicación de Amicus
P.O. Box 227, Mankato, MN 56002
www.amicuspublishing.us





Editora: Alissa Thielges
Diseñadora de la serie: Kathleen Petelinsek
Diseñadora de libro: Lori Bye
Investigación fotográfica: Omay Ayres

Información del catálogo de publicaciones de la biblioteca del congreso
Names: Adamson, Thomas K., 1970- author. | Adamson, Heather, 1974- author.
Title: Curiosidad por la gimnasia / por Thomas K. and Heather Adamson.
Other titles: Curious about gymnastics. Spanish
Description: Mankato, MN: Amicus, [2024] | Series: Curiosidad por los deportes | Includes index. | Audience: Ages 6–9 | Audience: Grades 2–3 | Summary: "Conversational questions and answers, translated into Spanish, share what kids can expect when they join gymnastics, including clothes to wear, basic skills, scoring, and the different events"—Provided by publisher.
Identifiers: LCCN 2022048086 (print) | LCCN 2022048087 (ebook) | ISBN 9781645496007 (library binding) | 9781681529189 ISBN (paperback) | ISBN 9781645496304 (ebook)
Subjects: LCSH: Gymnastics—Juvenile literature.
Classification: LCC GV461.3.A4418 2024 (print) | LCC GV461.3 (ebook) | DDC 796.44—dc23/eng/20221013
LC record available at https://lccn.loc.gov/2022048086
LC ebook record available at https://lccn.loc.gov/2022048087

Photo credits: Getty/Alistair Berg 10, bmcent1 15, Thomas Barwick 5, 6–7, 12–13; MNPrepSports/Mike Sellner 18; Shutterstock/Galina Barskaya 20, kayannl 17 (girls' events), Kruglov_Orda cover, 1, Master1305 17 (t), Miceking 17 (boys' events), 22, 23, Michael C. Gray 11, PH888 8–9, Victor Joly 19, 21

Impreso en China

# CAPÍTULO UNO

# ¿Qué es la gimnasia?

Es un deporte donde se luce el equilibrio y el control. Los gimnastas deben ser flexibles y fuertes. Saltan, dan volteretas, hacen **acrobacias** y se balancean en muchos eventos.

¿Qué tipo de gimnasia es la más popular? ¡La artística! En ella, los gimnastas hacen breves **rutinas** sobre diferentes aparatos. ¡Practican mucho!

Un gimnasta necesita equilibrio y control para aterrizar sobre la barra de equilibrio.

**¿SABÍAS?**
**Muchos gimnastas pueden hacer splits a los 7 años de edad.**

# ¿Qué llevan puesto los gimnastas?

Los gimnastas calientan haciendo estiramientos.

Los gimnastas usan ropa ajustada. Su ropa no debe estorbarles durante las vueltas, giros y volteretas. Las niñas usan un **leotardo**. Los niños usan camisetas ajustadas que meten en sus shorts. El cabello largo debe ir atado hacia atrás o trenzado.

# ¿Quién puede hacer gimnasia?

La flexibilidad es importante para evitar lastimarse.

Tanto los niños como las niñas. La mayoría empieza a una edad temprana. Incluso pueden tomar clases cuando apenas aprenden a caminar. Aprenden lo básico, como las **volteretas** y equilibrarse sobre un pie. Puedes aprender incluso si no deseas competir. La gimnasia es un buen ejercicio.

# ¿Cómo me inicio en la gimnasia?

**Los varones necesitan fuerza en la parte superior del cuerpo para el caballo con arzones.**

¡Busca una clase! Tal vez haya una en tu escuela o gimnasio local. Los gimnastas trabajan primero en su equilibrio. Se paran de manos y hacen muchas vueltas de carro. Aprenden a rodar hacia atrás con las **rodillas al pecho** antes de hacer **backflips** completos. A medida que mejoran, agregan nuevas habilidades.

**Antes de hacer un salto de manos hacia atrás practica hacer un souplesse hacia atrás.**

La entrenadora y una observadora observan mientras las niñas practican en las barras.

# ¿Cómo practico sin lastimarme?

**¿SABÍAS?**
**Arneses y trampolines ayudan a los gimnastas a aprender nuevos giros y volteretas.**

Un entrenador guía tus movimientos. Se asegura de que tus manos y tus pies aterricen perfectamente. Practicarás sobre tapetes suaves y flexibles. También aterrizarás sobre goma espuma hasta que domines el aterrizaje. Los **observadores** se aseguran de que no te lastimes cuando estás en los aparatos.

# ¿Cómo es un torneo de gimnasia?

Los gimnastas calientan y entran «marchando» juntos. Todos los aparatos están dispuestos. Y hay una mesa de jueces. Los equipos **rotan** por los eventos. Se turnan frente a los jueces. No todos están en todos los eventos. Los niños y las niñas tienen eventos diferentes.

**¿SABÍAS?**

**Los gimnastas deben saludar a los jueces con una reverencia. Hacen esto antes y después de su rutina.**

Los ejercicios de suelo son uno de los eventos del torneo.

# ¿Cuántos eventos hay?

Hay ocho eventos artísticos. Los varones se centran en la potencia. Usan el caballo con arzones, las anillas, las barras paralelas y la barra horizontal. Las niñas se centran en hacer movimientos con gracia. Usan las barras asimétricas y la barra de equilibrio. Ambos compiten en el salto de caballo y los ejercicios de suelo.

Para los eventos con anillas se necesita mucha fuerza en los brazos.

## EVENTOS DE LAS NIÑAS

## EVENTOS DE LOS VARONES

# ¿Cómo pueden saltar tan alto?

Las rutinas de suelo siguen la música.

**¿SABÍAS?**
**Los gimnastas aprenden a darse cuenta de dónde están en el aire. Tratan de aterrizar con los dos pies juntos.**

¡El piso es mullido! En el salto de caballo, los gimnastas saltan desde un **trampolín**. En las acrobacias, el suelo flexible ayuda a los gimnastas a saltar alto. También usan sus fuertes piernas. ¡Es divertido observarlos volar alto!

**En el salto de caballo, los gimnastas se lanzan en el aire para dar volteretas.**

# ¿Cómo se califica?

Se basa en puntos. Los gimnastas jóvenes empiezan con una puntuación de 10. Cada error les quita puntos. Esto puede incluir caerse o dar un paso más después de aterrizar. A medida que vas mejorando, tu puntuación incluirá cuán difícil es la rutina. Los movimientos más difíciles pueden ganar más puntos.

Los gimnastas de alto nivel compiten por todo el mundo.

**¿SABÍAS?**

**Los gimnastas de más edad usan calleras en las manos. Estas cintas protegen sus manos cuando se balancean.**

# HAZ MÁS PREGUNTAS

**¿Cómo puedo aprender a hacer una vuelta de carro?**

**¿Cuál es la habilidad más difícil de dominar?**

**Prueba con una PREGUNTA GRANDE: ¿Qué se necesita para competir en los Juegos Olímpicos?**

# BUSCA LAS RESPUESTAS

**Busca en el catálogo de la biblioteca o en Internet.**

Pueden ayudarte tus padres, un bibliotecario o un maestro.

**Usar palabras clave.**

Busca la lupa.

**Las palabras clave son las palabras más importantes de tu pregunta.**

**Si quieres saber sobre:**

- cómo hacer una vuelta de carro, escribe: VUELTA DE CARRO PARA PRINCIPIANTE
- qué habilidades son más difíciles, escribe: HABILIDADES MÁS DIFÍCILES DE GIMNASIA

2009
VAULT CHAMPION
WESTERN NATIONAL
FLOOR
ALL-ARO
WESTERN NATIONAL CHAMP
UNEVEN BAR

# GLOSARIO

**acrobacia** Una forma de gimnasia que se hace sin aparatos.

**backflip** Movimiento en el que una persona salta hacia atrás y gira para aterrizar nuevamente sobre sus pies.

**leotardo** Prenda ajustada que cubre el cuerpo excepto las piernas y, a veces, los brazos.

**observador** Persona que observa y ayuda a alguien que está haciendo ejercicio para evitar que se lesione.

**rodillas al pecho** Un tipo de posición en gimnasia en el que las rodillas se pegan al pecho.

**rotar** Tomar turnos para hacer algo en un orden fijo que se repite hasta que todos los grupos hayan tenido un turno.

**rutina** Una serie de movimientos que son parte de una presentación.

**trampolín** Una tabla flexible y fuerte que se usa para saltar muy alto en gimnasia.



# ÍNDICE



## Acerca de los autores

Thomas K. y Heather Adamson son un matrimonio que ha escrito muchos libros para niños. Cuando no están trabajando, les gusta hacer caminatas, mirar películas, comer pizza y, por supuesto, leer. Viven en Dakota del Sur con sus dos hijos y un perro morkie llamado Moe.